Alain Pelosato

Frankenstein
dieu des revenants

sfm éditions
Collection « livret »

Avertissement

Ce livret rassemble des textes extraits de mes ouvrages d'essais et de base de données :

123 ans de cinéma fantastique et de SF...
125 ans de cinéma fantastique et de SF...
126 ans de cinéma fantastique et de SF...

La Chose sans nom de Mary Shelley

On sait que le *Frankenstein* de Mary Shelley est né d'un pari littéraire. Cette phase étonnante de la création est reprise au cinéma par le préambule du film *La Fiancée de Frankenstein* de James Whale, dans lequel la même actrice joue Mary Shelley au début du film et la *Fiancée* à la fin. Le cinéaste tchèque (réfugié aux U. S. A.) Ivan Passer reprend l'histoire de ce pari dans un film de 1988 : *Haunted Summer* et, en 1986, Ken Russel en avait fait un film d'épouvante dont le titre est tout un programme : *Gothic*. Voici comment Mary Shelley elle-même relate cet épisode fondamental de sa vie : « *Au cours de l'été 1816, nous (Mary et son époux) visitâmes la Suisse et devînmes les voisins de Lord Byron (qui) était le seul parmi nous qui couchât ses pensées sur le papier. [...] Mais l'été devint humide, inclément[...] Des volumes d'histoires de fantômes, traduits de l'allemand en français tombèrent dans nos mains. [...]*
— Nous allons écrire chacun une histoire de fantôme, dit Lord Byron.

Nous nous ralliâmes à sa suggestion. Nous étions quatre (Mary et Bercy Shelley, le Dr Polidori – qui se rendit célèbre avec son histoire de vampire – et Byron). [...] Je m'occupais à songer à une histoire, une histoire qui rivalisât avec celles qui nous avaient incités à en écrire. Une histoire qui parlerait aux peurs mystérieuses qui hantent notre nature, qui susciterait une horreur profonde, – une histoire telle que le lecteur n'osât point regarder autour de lui, une histoire à glacer le sang, à faire battre le cœur à coups redoublés. Si je n'y parvenais point, mon histoire de fantôme serait indigne de son nom. [...] Je vis, étendue, l'apparence hideuse d'un homme donner des signes de vie, à la mise en marche d'une puissante machine, et remuer d'un mouvement malaisé, à demi vital. [...] L'effort de l'homme pour imiter le stupéfiant mécanisme du Créateur de l'univers, ne pouvait qu'engendrer un effroi suprême. Sa propre réussite terrifiait l'artisan, il fuyait précipitamment, frappé d'horreur, son œuvre affreuse. »

Ainsi, d'une œuvre somme toute mal écrite, est né un mythe qui consacre de nombreuses œuvres cinématographiques. Pour donner une idée du style de Mary Shelley, lisons cet extrait :

« Ce fut par une lugubre nuit de novembre que je vis enfin mon œuvre terminée. Avec une anxiété mêlée de terreur, je rassemblai autour de moi les instruments qui devaient me permettre d'infuser l'étincelle de vie dans cette chose inerte gisant à mes pieds. Une heure du matin venait de sonner et la pluie frappait lugubrement contre les vitres. Ma bougie presque entièrement consumée jetait une lueur vacillante, lorsque tout à coup, je vis s'ouvrir l'œil jaune et vitreux de cet être. » [1]

Contrairement à Dracula, le mythe de cette Créature n'est pas une tradition d'un folklore quelconque. Il est né de l'angoisse de l'espèce humaine devant la Création de la vie, et de la manière dont de futures découvertes (Mary Shelley a écrit son livre en 1818, elle avait dix-neuf ans...) pouvaient faire accéder à cette divinité. À partir donc de cette idée de l'alchimiste qui crée la vie avec la mort, au même titre qu'il chercha à trouver la vie éternelle et créer l'or avec le plomb, l'œuvre débouche sur les problèmes humains qui en sont la conséquence. Différents angles de vue peuvent ainsi être traités, et ils l'ont été par le cinéma. Le point de vue de la Chose d'abord, traité par James Whale dans les fameuses scènes de

---

[1] Mary Shelley dans son introduction à *Frankenstein*

Boris Karloff et la petite fille dans *Frankenstein* et du joueur de violon aveugle dans *La Fiancée de Frankenstein*. Le point de vue du docteur Frankenstein ensuite qui veut développer la connaissance humaine quelles que soient les conséquences. Ce point de vue, qui se rapproche de Stevenson dans *Dr Jekyll et Mr Hyde*, est largement développé par toute la série des *Frankenstein* de Terence Fisher pour la Hammer (années 1950 et 1960). Dans ces films, le docteur Victor Frankenstein parvient toujours à ses fins et renaît de ses cendres. Et c'est normal, comment peut-il mourir puisqu'il a découvert l'éternité ?

Lovecraft (avait-il lu Mary Shelley ?) a écrit, sur commandes, une série de nouvelles intitulées *Herbert West réanimateur*. Dans ces histoires terrifiantes, Herbert West est un étudiant qui a inventé un produit qu'il suffit d'injecter aux cadavres pour leur redonner la vie. La méthode technique est bien plus simple que dans *Frankenstein*... Le cinéma s'est intéressé à cette nouvelle version de la Chose : Stuart Gordon a réalisé *Re-animator* dans lequel il a rajouté du sexe (dont Lovecraft n'était pas friand) et du gore, beaucoup de gore... Il y a même eu deux suites, avec le même acteur, signées Brian Yuzna (*Re-animator 2* et *Beyond Re*-animator). Enfin, Stevenson lui-même a écrit une nouvelle *Les Pourvoyeurs de cadavres* (1884) que l'écrivain avait écrite dans une période de profonde dépression. Même thème de récupération de cadavres dans les cimetières pour des expériences clandestines. Plusieurs films se sont inspirés de cette histoire dont *Le Récupérateur de cadavres* de Robert Wise (1945) avec Boris Karloff et Bela Lugosi, et *L'impasse aux violences* de John Gilling (1960) avec Peter Cushing, célèbre pour ses interprétations du docteur Frankenstein dans les films de Terence Fisher. Dans le film de Robert Wise, les expériences du médecin lui serviront à guérir une petite fille paralytique. Le thème est donc plus progressiste : les expériences clandestines servent, à un moment ou à un autre, au bien-être de l'humanité. Hélas, à cause de la perversité de Gray, le pourvoyeur de cadavre interprété magistralement par Boris Karloff, le crime devient le matériau (cher au docteur Frankenstein) des expériences interdites. La scène où Gray tue par étouffement entre ses mains l'homme à tout faire qui voulait le faire chanter est très cruelle. C'est Bela Lugosi qui joue le rôle de cet homme dans ce beau film très expressionniste. Lorsque Gray a ramené son cadavre chez le docteur, une scène stupéfiante, reprise de nombreuses fois ensuite, montre le visage du mort dans l'eau (les cadavres sont conservés dans un bain) et, en gros plan, les mains du docteur qui saisissent la tête pour la ramener à la surface. Ce film est surtout l'histoire d'une hantise, une profonde culpabilité matérialisée par Gray, dont le fantôme, pure création de l'esprit du docteur, le tuera à la fin. Seul le mythe de *Frankenstein* s'est perpétué jusqu'à nous alors que les autres se sont transformés, modernisés, pour une simple raison, c'est que ce mythe était déjà moderne. Dans *Chair pour Frankenstein*, Paul Morrissey insiste surtout sur la chair, car ce film est présenté en trois dimensions. il faut donc faire peur. Sans explication, Morrissey laisse croire que Victor s'est marié avec sa sœur (qui n'est que sa sœur de lait dans l'histoire d'origine) et leur enfant prendra d'ailleurs la relève. Dans ce film grotesque et baroque, les mises à mort (nombreuses) sont très impressionnantes : décapitation avec une grande cisaille, multiples éventrations avec les mains... Au contraire, Kenneth Branagh, dans son *Frankenstein*, film produit par Coppola et dans lequel on voit clairement toute son influence, montre un monstre humain, pétri de contradictions entre sa violence et son amour. La Chose assène clairement ses reproches à son créateur sur la mer de glace où elle l'a

entraîné : « *Tu m'as donné des émotions sans me dire comment m'en servir. [...] Et mon âme ? j'en ai une moi ? [...] As-tu jamais songé aux conséquences de tes actes ? Tu m'as donné la vie et tu m'as abandonné à la mort. Qui suis-je ? »* Le monstre, interprété par le puissant acteur Robert de Niro, réclame une femme, une compagne comme lui, ainsi elle ne le haïra pas. Et il rajoute : « *J'ai en moi une puissance d'amour que tu es à cent lieues d'imaginer, et une violence... »*
Ce superbe film développe un rythme fait de longues scènes succédant à de très courtes, ces longues scènes elles-mêmes rythmées par de longs plans-séquences placés entre une succession éblouissante de plans très courts. La couleur des tenues des personnages (rouge et bleu vif) prédit leur destin. Cela fait un film qui ressemble à une partition, une superbe symphonie pour les yeux... Sous l'influence évidente du producteur, le macabre est laissé de côté pour insister sur les sentiments et l'affectivité. C'est une histoire d'hommes, les femmes n'y sont que les objets des sentiments des hommes, Elisabeth portant la tenue rouge au milieu de la foule grise qui fuit l'épidémie de choléra est sacrifiée aux obsessions occultistes de Victor Frankenstein. (Elle subira le même sort, au fond, que la

petite fille juive au manteau rouge, dans le film en noir et blanc *La Liste de Schindler* (1993) de Steven Spielberg). Une histoire de père et de fils, monstrueux, mais humain, drame du complexe d'œdipe composé d'une double culpabilité, celle du créateur, du père qui a créé un fils sans en être le géniteur, en volant la chair des autres (« *un simple matériau* », déclare Frankenstein) et celle du fils qui veut la mort de son père et lui voler son épouse comme il lui a arraché son cœur de sa poitrine lors de leur nuit de noces. Alors que l'ensemble du film respecte l'architecture et le scénario du roman, cette dernière scène et celle qui suivra, la "résurrection" d'Elisabeth par une nouvelle expérience de Frankenstein, ont été rajoutées. Elles sont fondamentales dans le projet (réussi) du réalisateur et de son producteur de détourner le sens de cette aventure et d'en faire une histoire macabre du mythe d'Œdipe. Au fond, cet esprit de l'œuvre cinématographique est le prolongement de celui de l'œuvre littéraire puisqu'on peut y lire cette réflexion de Victor Frankenstein : « *L'être que j'avais déchaîné parmi les hommes, ce démon doué de la volonté de détruire et de la puissance de réaliser ses projets horribles, telle la mort qu'il venait de donner, je le considérais comme mon propre vampire, mon propre fantôme sorti de la tombe, et con-traint de détruire tous ceux qui m'étaient chers. »*

Avec le film *Le Mort qui marche* dans lequel Boris Karloff fait une interprétation géniale de la souffrance d'un homme simple exécuté à la place d'un autre, les histoires de Lovecraft et de Stevenson prennent un tournant qui aboutit à *La Nuit des morts-vivants* de Romero. En effet, on trouve dans *Le Mort qui marche* (film de Michael Curtiz de 1936), trente-deux ans avant le film de Romero, tous les ingrédients du film d'horreur moderne. Le cadre n'est plus gothique, mais moderne : l'Amérique des gangsters des années trente et les morts reviennent pour consommer les vivants (vengeance dans le film de Curtiz alors que l'action du second film de la trilogie de Romero, *Zombie le crépuscule des morts-vivants*, se déroule dans un vaste centre commercial abandonné).

Mais, il y eut d'autres créatures créées par l'homme dans d'autres chefs-d'œuvre de la littérature et du cinéma. *Le Golem*, légende juive mise en littérature par Gustav Meyrink fit l'objet de nombreux films. Cette créature est réalisée par l'homme grâce à l'assistance du diable avec de la simple argile. Bien sûr, le danger est qu'elle prenne son autonomie. Le thème commun à toutes ces histoires c'est le "moteur" de l'œuvre littéraire dont parlait Stephen King. Du robot de *Metropolis* en passant par l'ordinateur qui se révolte dans *2001 L'odyssée de l'espace* et le robot de *Mondwest*, jusqu'aux répliquants de *Blade Runner,* l'homme réfléchit sur l'autonomie que peut (doit) prendre la créature vis-à-vis de son créateur. L'Homme n'est-il pas la créature de Dieu ? Enfin, les légendes et pratiques Vaudou ont inspiré nombre de films comme *Vaudou* de Jacques Tourneur, *L'emprise des ténèbres* de Wes Craven, qui traitent des zombies, esclaves produits par des rites qui ressuscitent les morts. En réalité, il semblerait que cette pratique existe réellement : elle consiste à administrer à un vivant un produit qui le jette dans la plus complète léthargie semblable à la mort et, une fois sorti de sa sépulture et remis en activité, ne sait plus qu'obéir à celui qui lui donne des ordres...

La première légende à remettre en cause la maîtrise de l'homme sur la nature fut celle de Faust. Ce n'est pas Goethe qui a inventé cette histoire. Elle était déjà présente dans une lettre datée de 1507, où l'on trouve mention des tribulations d'un certain *Faust*. Ensuite, en 1587, il y aura un livre qui raconte l'histoire de ce pacte avec le diable dont s'est inspiré le poète allemand. Le diable prendra ensuite différentes formes, avec lui certains font des pactes pour mieux s'échapper des contingences naturelles, donc dépasser la nature. Avant le diable, ange déchu, ce fut Prométhée qui, pour se venger de Zeus, donna aux hommes la connaissance du feu. Plus près de nous, c'est la science elle-même qui donne à Victor Frankenstein l'audace de créer un être vivant avec de la chair morte. D'ailleurs, la jeune Mary Shelley rédigea son roman à partir des expériences scientifiques de réanimation menées en 1802 – 1803 à Londres par Giovanni Aldini. D'autre part, l'utilisation par Frankenstein de l'énergie de la foudre a certainement été inspirée par la réelle passion du mari de l'écrivain, et ses expériences pour mener à bien *son* idée de recueillir l'électricité de la foudre. *« Le monde était pour moi un secret que j'avais à découvrir »*, déclare Victor Frankenstein dans le roman de Mary Shelley. Cette volonté, ne la trouvons-nous pas déjà chez les alchimistes, comme Paracelse qui donnait la recette de la *« génération des homonculus [...] possibilité que, par nature ou par art, un homme pût être reproduit en dehors d'un corps de femme et d'une mère naturelle. »* ? Cette phrase n'est-elle pas d'étrange actualité ? Comme celle du Golem, sur le front duquel est inscrit « EMET », constitué de trois lettres qui forment le mot de « Vérité », et, qui, si l'on enlève la première, devient « Mort »... Car, quelle impudence aurait l'homme de rechercher la Vérité ? [**]

Ces terreurs nous ont accompagnés aujourd'hui. Elles constituent toujours un enjeu idéologique et politique fondamental, notamment en ce qui concerne l'écologie. Aux États-Unis, dans les années soixante, puis chez nous, on comparait le destin de Faust à celui du physicien Robert Oppenheimer (1904 – 1967), l'organisateur du *laboratoire-caserne de Los Alamos,* le créateur de la bombe atomique. Cette terreur, que l'on retrouve dans nombre d'œuvres fantastiques littéraires ou cinématographiques, motive certainement ce que l'on appelle la "diabolisation" du nucléaire civil. Car, qui n'est pas mieux le *Prométhée moderne* – sous-titre du roman de Mary Shelley – que celui qui produit de l'énergie (le feu offert par Prométhée à l'espèce humaine) à partir de la structure profonde de la matière ?

[**] Pour ce paragraphe, j'ai utilisé des citations de l'excellent essai du philosophe Dominique Lecourt : « Prométhée, Faust, Frankenstein, Fondements imaginaires de l'éthique ». 1997

Il y a aussi celle du vivant... C'est pourquoi, à partir des années soixante-dix, à la terreur de la physique atomique s'est ajoutée celle des manipulations génétiques.

Arès avoir épuisé ces mythes, en en faisant des versions diverses, par exemple, en présentant le docteur Frankenstein sous des aspects moraux différents, le cinéma revient à une nature plus directement terrifiante.

Le premier scientifique de la mort : le docteur Frankenstein...

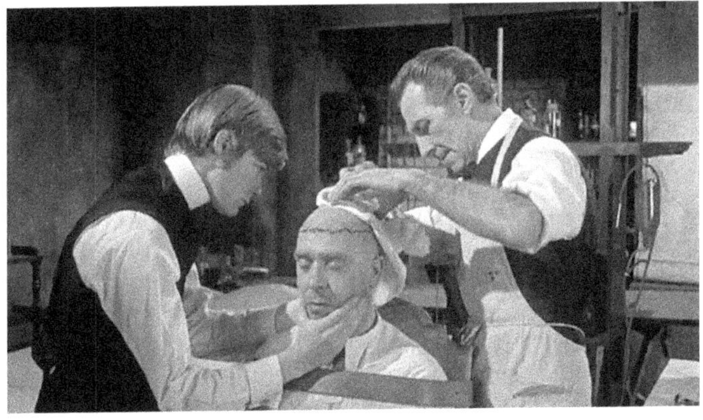

Le premier grand personnage de fiction, un vrai savant, fut le docteur Frankenstein. Ce personnage du roman de Mary Shelley est devenu réellement célèbre, grâce, notamment au cinéma. Comme personne ne donna de nom à la créature créée par Frankenstein, on lui prêta le nom de son créateur.

Mary Shelley, qui écrivit son roman à l'âge de dix-neuf ans, utilisa les expériences scientifiques de l'époque pour écrire son livre. D'une part, son mari rêvait d'utiliser l'énergie de la foudre et d'autre part, Giovani Aldini réalisa des expériences de réanimation à Londres en 1802 – 1803.

Cet intéressant personnage de Frankenstein fut rapidement éclipsé par le personnage de sa créature. Cette éclipse est surtout due au film de James Whale *Frankenstein* (1931) dans lequel le docteur est une pâle figure victime de ses recherches et le monstre, magistralement interprété par Boris Karlofff, occupe ainsi le devant de la scène. Cette image du pauvre jeune docteur dépassé par ses propres recherches est radicalement changée dans la série des *Frankenstein* de la Hammer, société anglaise de production qui réalisa des films d'horreur après la Deuxième Guerre mondiale. Ces films ont été pour la plupart réalisés par Terence Fisher. C'est Peter Cushing (1913 – 1994) qui interpréta ce rôle dans tous ces films, homme de science cynique qui poursuit un seul but : la réalisation de ses expériences infernales sans aucune considération morale ou éthique. Un personnage réellement subversif, car se fichant complètement de la société et des conséquences de ses expériences. Dans un de ces films – je crois qu'il s'agit de *Frankenstein créa la femme* (1967) – le docteur infernal viole son assistante !

La Fiancée de Franken-stein (1935)

James Whale a créé, pour le cinéma, le monstre le plus célèbre, la créature de Frankenstein, dans le film *Frankenstein* (1931) pour lequel il avait sollicité Bela Lugosi, celui-ci ayant refusé, ne voulant pas jouer le rôle d'un monstre. Ce fut donc Boris Karloff qui obtint le rôle et qui interpréta une inoubliable créature, jamais égalée. Le mythe de Frankenstein au cinéma a été traité dans un chapitre précédent, je n'y reviendrai donc pas. Dans le domaine du fantastique, James Whale a aussi réalisé *L'homme invisible* (1933) d'après l'œuvre de H. G. Wells. Le film qui nous intéresse ici, *La Fiancée de Frankenstein*, est le meilleur de Whale, bien supérieur au *Frankenstein*. C'est pourtant ce dernier qui fit la célébrité du cinéaste. Plusieurs scènes de cette suite de *Frankenstein* marquent l'histoire du cinéma, notamment, les homoncules de l'horrible Pretorius, la scène de la rencontre de la créature avec le joueur de violon aveugle et la rencontre de la créature avec sa "fiancée". La coiffure de cette dernière a beaucoup inspiré les parodies comme celle de Mels Brook. Enfin, Brian Yuzna a repris l'idée de la fiancée du monstre dans *Re-animator 2* qui se veut la suite de *Re-animator* (1985) de Stuart Gordon. Cette idée de fiancée pour le monstre est complètement absente du roman de Mary Shelley. Elle a pourtant été reprise souvent au cinéma, y compris avec un sens inversé dans *Frankenstein* de Banagh. Hitchcock rend hommage à ce film dans *Saboteur* (1942) avec la scène de l'hôte aveugle.

La Fiancée de Frankenstein

Le générique commence évidemment avec l'image de l'Universal : un avion (poussif) qui tourne autour du globe terrestre...
Une nuit d'orage : la caméra avance lentement vers un manoir isolé à peine aperçu dans l'obscurité. Changement de plan : vu

de l'extérieur, un homme se tient debout devant une baie vitrée et regarde vers le ciel.

Chaude lumière, ambiance confortable avec feu dans la cheminée changent l'ambiance en même temps que la musique. Le même personnage déclare : « Voilà la splendeur du romantisme : au-dehors, les éléments sont déchaînés, et d'ici, nous les contemplons paisiblement. » Il marche vers la gauche et la caméra, en pivotant, fait entrer deux autres personnages dans le champ : une jeune femme qui fait de la broderie et un homme qui écrit. Le premier personnage se nomme lui-même : lord Byron, « le grand pécheur d'Angleterre » et présente M. Shelley, l'homme qui écrit, et ce dernier cite Mary (« qui est un ange » répond Byron). Il ajoute : « Vous qui craignez l'orage, vous avez écrit un conte qui m'a glacé le sang ». Mary : « La punition d'un mortel qui ose défier Dieu ».

Byron raconte alors l'histoire, et c'est l'occasion de présenter des extraits de « Frankenstein » (1931) avec les commentaires de Byron en voix off.

La scène du cimetière montre l'enterrement d'un mort et ensuite, la nuit, Frankenstein volant le cadavre dans sa tombe fraîche, détachant le pendu du gibet où il se balançait, Frankenstein l'alchimiste dans sa retraite où, à l'aide de cadavres, il crée un monstre si effrayant que seul un cerveau détraqué a pu le concevoir. Et tous ces meurtres : ce petit enfant noyé, Frankenstein précipité dans les flammes par le monstre qu'il a créé...

Retour au manoir, Mary s'est piqué le doigt avec son aiguille. Shelley trouve dommage qu'il n'y ait pas de suite au roman de la jeune femme. Si ! Il y en a une !

Mary raconte... Byron : « Ouvrez les vannes de l'enfer ! »

Près du moulin en ruines (à la fin de « Frankenstein »), le feu a fait son œuvre, la foule acclame l'effondrement du bâtiment en flammes.

Une vieille bigote (que l'on reverra souvent dans la suite) : « Ça bouge encore ! Il n'est pas complètement consumé ! » Une autre : « Le monstre n'est pas mort ? »

Henry Frankenstein est emmené inanimé au château. Le père de la petite fille assassinée par le monstre déclare : « Quand j'aurai vu ses os calcinés, je pourrai enfin dormir ! » Il s'approche des restes de l'incendie, une passerelle s'effondre et il tombe dans l'eau. Au fond, le monstre sort de l'ombre... et noie le pauvre père, puis remonte et jette la femme dans le trou. L'image montre la vieille bigote en plan américain, derrière elle, le monstre entre dans le champ par la droite. Elle se retourne, le voit et fuit en hurlant. Le monstre ne sait pas parler, il ne fait que pousser des grognements. (Toutes ces images sont très expressionnistes).

Frankenstein est ramené au château et Elisabeth l'accueille. La vieille bigote vient annoncer la nouvelle : « Il vit ! Le monstre vit ! » Frankenstein est allongé sur la table. Cette scène est montrée par un lent travelling qui suit la civière portée par des hommes, dans un plan général qui se rapproche. Il n'est pas mort : c'est encore la vieille bigote qui l'annonce en le voyant bouger.

Dans la chambre du blessé, Elisabeth s'inquiète auprès de Frankenstein de ses expériences. Elle a très peur. Un homme frappe à la porte du château. Minnie la servante lui ouvre. Il s'annonce comme le docteur Pretorius, que Frankenstein a connu lors de ses études. Il vient proposer une collaboration à Frankenstein et l'invite à venir voir le fruit de ses travaux.

Les deux hommes arrivés chez lui, il sert à boire et porte un toast « à un monde de dieux et de monstres ! » Il va chercher une longue boîte, ressemblant à un cercueil miniature. Il en sort des bocaux recouverts de tissus qu'il enlève pour dévoiler des « créatures charmantes ». En effet, ils contiennent chacun un être humain vivant miniature. Il y a le roi amoureux de la reine qu'il ne peut rencontrer dans son autre bocal, l'évêque, la danseuse et la sirène... Frankenstein : « Ce n'est pas de la science ! C'est de la magie noire ! » (Les effets spéciaux sont excellents). Pretorius : « Quittez les ossuaires. Suivez la voie de la nature ou de Dieu, si vous croyez la bible : il créa l'homme et la femme. » Frankenstein refuse, même quand Pretorius lui propose de créer une compagne au monstre.

Le monstre marche dans la forêt ; il boit dans une rivière alimentée par une belle cascade et voit son image terrifiante reflétée par la surface de l'eau. Il en est effrayé ! Il fait peur à une jeune bergère qui en tombe à l'eau du haut de son rocher. Il plonge pour la sauver, mais elle hurle de terreur. Deux chasseurs arrivent et tirent. Ils le blessent à l'épaule. Dans la ville, c'est la mobilisation générale sous la direction du Bourgmestre (l'équivalent du maire). La foule poursuit le monstre dans une futaie surréaliste, le rattrape et le fait prisonnier. Il est attaché comme une bête à un poteau et jeté dans une charrette. On l'enchaîne dans une cellule. Mais, il descelle facilement les anneaux auxquels sont fixées ses chaînes et démolit la porte. Il terrorise la population dans la ville.

C'est la nuit au camp de Tziganes, une femme a peur du monstre. Elle envoie son mari chercher du sel et du poivre. Après son départ, le monstre surgit, bouscule tout le monde et s'empare de la viande qui rôtit sur le feu. Mais il se brûle ! Il s'éloigne et entend une musique douce.

Un ermite joue du violon dans sa cabane. Le monstre s'approche. L'ermite entend son grognement de plaisir et sort en demandant : « Qui est là ? » Comme personne ne répond, il rentre et continue à jouer du violon. L'image le montre assis, de profil, le feu de cheminée projette son ombre sur le mur. À droite, une fenêtre au travers de laquelle on voit bouger le monstre qui regarde à l'intérieur. Il entre et l'ermite lui souhaite la bienvenue. Il est aveugle et s'en excuse ! Il le fait entrer, le soigne, lui donne à manger. Il est très heureux d'avoir un nouvel ami, alors qu'il ne rencontre personne depuis longtemps. Le vieillard comprend que le monstre ne sait pas parler. Ce handicap le rend solidaire avec lui : « Je ne peux voir et vous ne pouvez pas parler ! » L'ermite invite le monstre à se reposer. Il remercie Dieu. Alors que tous deux pleurent, le monstre allongé et l'ermite le visage posé sur sa poitrine, la main du monstre sur la nuque, en arrière-plan, le crucifix accroché au mur s'illumine. Le lendemain, l'ermite apprend au monstre à parler alors qu'il mange de bon cœur. Les chasseurs surviennent, voient le monstre et le charme est rompu. Il s'échappe et la maison de l'ermite brûle.

Il se réfugie dans une crypte et voit le cadavre d'une jolie femme. « Ami », dit-il en lui passant la main devant les yeux... Quelqu'un arrive... Il se cache dans un coin sombre. Pretorius et deux aides viennent chercher la morte, une jeune fille de dix-neuf ans. Après leur travail, les aides repartent et laissent Pretorius seul dans la crypte. Il s'installe avec un bon repas en compagnie d'un crâne et des ossements. Il rit aux éclats alors que le monstre sort de l'ombre. Pretorius offre au monstre le boire et le manger et lui annonce qu'il va faire une femme pour lui et l'invite, par allusion, à faire pression sur Frankenstein pour parvenir à cette fin. Le monstre rappelle qu'il a été créé avec des cadavres et ajoute : « Moi, aimer cadavres... Haïr vivants ! »

Pretorius se rend chez Frankenstein qui vient de se marier avec Elisabeth. Ce dernier refuse de reprendre ses expériences. Le monstre est venu pour faire pression. Il finit par enlever Elisabeth afin d'obliger Frankenstein à reprendre l'expérience.

Scènes de laboratoire, d'expériences. Le cœur à greffer est faible, il faut un autre cœur. Pretorius fait tuer une innocente passante. Il drogue le monstre pour avoir la paix. Le cœur est greffé alors que l'orage approche. Les cerfs-volants qui doivent attirer la foudre sont lancés et le « diffuseur cosmique » descendu (une espèce de montage d'anneaux...) C'est le même décor, le même escalier que dans « Frankenstein ». Après quelques péripéties, l'expérience réussit. La fiancée est habillée de blanc, sa grande chevelure possède une mèche claire en forme d'éclair de chaque côté. Le problème, c'est que lorsqu'elle voit le monstre, elle hurle de terreur ! Cela le désespère complètement. Il veut tout détruire et s'approche du levier qui peut tout faire exploser. Elisabeth qui s'est échappée appelle Frankenstein. Le monstre lui dit : « Pars ! Toi... vivre... » Et à Pretorius : « Toi, rester ! Nous... appartenir à la mort... » Et il baisse le levier. La tour explose. Elisabeth et Frankenstein sont sauvés !
Fin

La Fiancée de Frankenstein (1935). (Bride of Frankenstein). Un film de James Whale. Prod. Carl Lamemmle Jr. D'après le roman de May Shelley, adapté par Wiiliam Hurlbut et John Balderston. Déc. Charles D. Hall –

Dir. Ph. John J. Mescall. Eff. Sp. John P. Fulton, Mus. Franz Waxman conduite par Bakaleinikoff. Mont. Ted Kent. Avec, Boris Karloff (le monstre), Colin Clive (Henry Frankenstein), Valerie Hobson (Elisabeth), Ernest Thesiger (Dr Pretorius), Elsa Lanchester (Mary Shelley), Gavin Gordon (Lord Byron), Douglas Walton (Percy Bysshe Shelley) et Una O'Connor, E. E. Clive, Lucien Prival, O. P. Heggie, Dwight Frye, Reginald Barlow, Mary Gordon, Ann Darling, Ted Billings. Film noir et blanc

Et, pour parodier le générique du film *Frankenstein* qui posait la question au début : qui joue le monstre ? , ici, une autre question est posée : qui joue la fiancée du monstre ? Tout le monde aura reconnu Elsa Lanchester qui joue également Mary Shelley...

Boris Karloff (1887 – 1969)

L'acteur qui interpréta la créature dans *Frankenstein* (1931) de James Whale. Aujourd'hui, quiconque veut s'imaginer le visage de cette créature, ne peut que voir la figure superbement maquillée de Boris Karloff. Ce maquillage fut l'œuvre de Jack Pierce. Non seulement, le travail du maquilleur fut fantastique, bien que très difficile à supporter pour l'acteur, mais le jeu de ce dernier, tout en finesse, exprime la douleur physique, mentale et morale d'une créature qui n'a pas de nom ni de père ni de mère... Patrick Brion cite James Whale, dans son livre *Le Cinéma fantastique* : *« J'ai été fasciné par le visage de Karloff. Je fis des dessins de sa tête agrémentés de longues saillies osseuses aux endroits où j'imaginais les soudures du crâne. Il n'avait pas un physique aussi puissant que je l'aurais souhaité. Pourtant, sa personnalité étrange et pénétrante comptait plus, je le sentais, que l'apparence physique qui pourrait être modifiée aisément. »* Dans le *Frankenstein* (1995) de Branagh, Robert De Niro n'est pas mauvais non plus dans le rôle de la créature, mais Boris Karloff restera, malgré tout, seul dans la mémoire collective.

Il s'appelait, en vérité, William Henry Pratt. Il est né à côté de Londres, à Dunwich. Il émigre au Canada puis aux États-Unis. Sa carrière démarra de manière fulgurante grâce au refus de Bela Lugosi d'interpréter la créature de Frankenstein dans le film de James Whale. Il ne fut pas l'acteur d'un seul cinéaste, mais tourna avec de nombreux réalisateurs de talent. Roger Corman relança sa carrière dans les années soixante, notamment dans *Le Corbeau* (1963) avec Peter Lorre, Vincent Price et Jack Nicholson, excellent film parodique du fantastique. Il joue également dans le premier film précurseur de la terreur moderne : *Le Mort qui marche* (1936) de Michael Curtiz.

Quelques films :

Scarface (1932) de Howard Hawks – Frankenstein (1932) de James Whale – La Momie (1932) de Karl Freund – Le masque d'or (1932) de Charles Brabin – Le Chat noir 1934) d'Edgar George Ulmer – Le Corbeau (1935) de Louis Friedlander – La Fiancée de Frankenstein (1935) de James Whale – Le rayon invisible (1936) de Lambert Hillyer – Le Mort qui marche (1936) de Michael Curtiz – Cerveaux de rechange (1936) de Robert Stevenson – Mr Wong détective (1939) de William Nigh – Le Fils de Frankenstein (1939) de Rowland V. Lee – La Tour de Londres (1939) de Rowland V.

Lee – Vendredi 13 (1940) d'Arthur Lubin – La Maison de Frankenstein (1944) d'Erla C. Kenton – Le Récupérateur de cadavres (1945) de Robert Wise – L'île des morts (1945) de Mark Robson – Des filles disparaissent (1947) de Douglas Sirk – Deux nigauds chez les tueurs (1948) de Charles T. Barton – Le Château de la terreur (1951) de Joseph Pevney – Le Mystère du château noir (1952) de Nathan Juran – Deux nigauds contre Dr Jekyll et Mr Hyde (1953) de Charles Lamont – Frankenstein 70 (1958) de Howard W. Koch – Le Corbeau (1963) de Roger Corman – Les Trois visages de la peur (1964) de Mario Bava – La Maison ensorcelée (1968) de Vernon Sewel...

Peter Cushing (1913 – 1994)

Acteur fétiche de Terence Fisher qui fit sa gloire avec le rôle du docteur Frankenstein dans lequel il excelle avec son air très flegmatique et néanmoins impitoyablement horrible. Il peut tout jouer comme tout excellent acteur. Ce sont les films d'horreur qui ont fait sa renommée, surtout ceux qu'il joua avec Christopher Lee. On l'a même vu dans *La Guerre des étoiles* de Lucas... Quelques films :

Frankenstein s'est échappé ! (1957) de Terence Fisher – Le cauchemar de Dracula (1958) de Terence Fisher – La revanche de Frankenstein (1958) de Terence Fisher – L'impasse aux violences (1959) de John Gilling – Le chien des Baskerville (1959) de Terence Fisher – La malédiction des pharaons (1959) de Terence Fisher – Les maîtresses de Dracula (1960) de Terence Fisher – Les chevaliers du démon (1960) de Roy Ward Baker – Le train des épouvantes (1964) de Freddie Francis – Les Daleks envahissent la Terre (1965) de Gordon Flemyng – Le crâne maléfique (1965) de Freddie Francis – Frankenstein créa la femme (1967) de Terence Fisher – Le retour de Frankenstein (1969) de Terence Fisher – Histoires d'outre-tombe (1972) de Freddie Francis – La Chair du diable de Freddie Francis (1972) – Dracula vit toujours à Londres (1973) d'Alan Gibson – Frankenstein et le monstre de l'enfer (1973) de Terence Fisher – La Légende du loup-garou (1974) de Freddie Francis – Le Commando des morts-vivants (1977) de Weiderhern – La Guerre des étoiles de George Lucas (1977).

Chroniques de films

En introduction, le film sur la vie de Marie Shelley

Mary Shelley de Haifa Al-Mansour (2017)
Ce n'est pas un film fantastique, bien sûr, mais le film qui raconte la vie de celle qui a inventé le monstre le plus célèbre de la littérature SF et fantastique : Frankenstein ! Donc ce film a toute sa place ici !
« Aimer lire c'est avoir toutes choses à portée de main… », citation de William Godwin, le père de Mary épouse Shelley.
« Tout ce qui glace le sang, voyez-vous, et accélère les battements du cœur », déclare Mary à Percy Shelley, son futur amant (et mari), pour lui dire qu'elle aimerait écrire. Elle a 16 ans et lui 21 ans.
« Je meurs simplement d'ennui », explique Claire, sa sœur, à Mary.
La mère de Mary est décédée quand sa fille avait dix jours. Shelley lui demande un rendez-vous dans un lieu qu'elle souhaite. Ce lieu est la tombe de sa mère. Cette dernière faisait ménage à trois, elle aussi le fera. Mary fait connaissance de madame Shelley et de sa petite fille. Mary prévient la dame : « Votre époux est l'étudiant de mon père et

rien de plus… » Plus tard, au moment du repas, Shelley déclare : « Mme Shelley et moi ne sommes mari et femme que de nom… après la déchéance de notre affection. » Mary : « La bienséance n'a jamais fait partie de mes préoccupations. »
Shelley propose à Mary de s'enfuir avec lui. C'est ce qu'elle fait, malgré les menaces de son père. Mais sa sœur veut partir avec elle ! (Un ménage à trois qui prend forme…)
« Je suis libre d'écrire ce qu'il me plaît ! » Écrit Mary. Son père lui coupe les vivres.
Elle le croise sur le marché et il lui dit : « Il vient un jour où l'on doit se séparer des choses qui nous sont chères. »
Shelley fait des expériences de chimie. Mary est enceinte et elle a des doutes sur la relation entre sa sœur Claire qui vit avec eux et Shelley.
« Bientôt, Mary créera une œuvre qui surpassera toutes les autres ». Thomas fait des avances poussées à Mary et quand elle en parle à Shelley il l'encourage à être la maîtresse de ce prétendant ! Mais elle, elle veut rester fidèle ! Cela créa une tension entre eux. Ce soir-là, Shelley l'emmène au spectacle (Phantasmagoria) où ils rencontrent lord Byron. « Les morts peuvent-ils revenir à la vie ? », grâce au courant électrique ? C'est le processus de galvanisation.

Cela fascine Mary, toujours obsédée par la mort de sa mère juste après sa naissance…

Mary accouche d'une petite Clara ; ce qui contrarie Claire qui s'entiche alors de Byron. Mais Shelley doit fuir les créanciers. Alors que le bébé Claire na va pas bien, le couple fuit sous la pluie.

La petite fille meurt ! Mary médite sur le fait qu'elle rêve que la chaleur de la cheminée la ramène à la vie. Toujours cette obsession.

Claire est enceinte. Toute l'équipe (les deux sœurs et Shelley) se rend à Genève chez Lord Byron… qui embrasse Mary sur la bouche ainsi que Claire, mais bien plus passionnément pour cette dernière. Il y a aussi le jeune médecin Polidori. C'est le passage le plus connu de la vie de Mary Shelley dans l'histoire de la littérature. Ce séjour au bord du lac Léman est un peu le « bordel », au sens propre et au sens figuré…

Polidori donne à Shelley une documentation sur la « galvanisation » pour ressusciter les morts. Il y a aussi le tableau sur l'incube d'Henri Fuseli qui fut l'amant de la mère de Mary qui ne s'est jamais remise quand il l'a quittée.

Il pleut depuis des jours, et Byron dit : « J'ai une idée. Chacun de nous va écrire une histoire. Une histoire de fantôme ! Il

s'agit d'un concours, bien sûr, celui ou celle qui écrira la meilleure histoire gagnera. »
Claire est humiliée par lord Byron et fuit sous la pluie battante. Mary part à sa recherche et la retrouve. « Pourquoi est-il si ignoble ? », se plaint-elle.
L'orage gronde et Mary fait un cauchemar qui lui inspire Frankenstein. Polidori a commencé son histoire et l'a intitulée « Le Vampire », alors que Shelley est ivre et tente d'affronter Polidori qui le gifle. Shelley boit, car son épouse s'est suicidée. Lord Byron ne veut pas de Claire. Quel désastre !
« Tout ça était une erreur », pleurniche-t-elle.
Mary se souvient de ce que son père lui avait dit : « Débarrasse-toi des mots des autres Mary, trouve ta propre voie. » Et elle commence à écrire « Frankenstein. »
« C'est le malheur qui fit de moi un monstre ! », lui fait dire Mary dans son roman.
Elle remet son manuscrit à Shelley qui la félicite après l'avoir lu.
« Pourquoi ne pas avoir écrit quelque chose de plus optimiste ? », demande-t-il.
« Regarde autour de toi ! Regarde le chaos qu'on a créé ! Regarde-moi ! »
L'éditeur est surpris et pense que ce roman a été écrit par Shelley. « Gardez-vous ces insultes pour une femme ? », répond-elle.

Tous les éditeurs qu'elle contacte sont rebutés par l'histoire. Un éditeur la publie à condition que Shelley écrive la préface, sachant que le roman ne porterait pas le nom de Mary, aucun nom…

« Tout le monde croira que c'est toi qui l'as écrit ! », reproche-t-elle à Shelley.

Son père lit le roman publié en trois volumes et qu'elle lui dédie.

Polidori vient la voir : lord Byron lui a volé son « vampire » ! « Nous avons créé des monstres, Mary, mais ne les laissons pas nous dévorer. »

Shelley fait une déclaration lors d'une assemblée d'écrivains : « L'auteur est bien entendu Mary Goldwin ! »

William Goldwin, fait publier une deuxième édition avec la mention de Mary Shelley comme auteur, etc. Ce roman est parvenu jusqu'à nous et est désormais connu de toutes et de tous !

« Tu fus bientôt emporté par les vagues et tu disparus dans les ténèbres lointaines. »

Frankenstein de James Whale (1931), prodigieux avec Boris Karloff ! De nombreux critiques comparent la scène célèbre et très émouvante du monstre avec la petite fille au bord de l'eau avec une scène du *Golem* de Paul Wegener (1920) où on voit une petite fille tendre un fruit au monstre.

Film américain qui donnera une impulsion expressionniste au cinéma fantastique d'outre-Atlantique.

La Fiancée de Frankenstein de James Whale (1935), le meilleur de tous les *Frankenstein*. Scène sublime d'humanité avec le violoniste aveugle et fabuleuse coiffure de la fiancée, coiffure reprise dans *Frankenstein junior* de Mel Brooks (1974). Voir au chapitre des chefs-d'œuvre.

Le Fils de Frankenstein de Rowland V. Lee (1939). Décors tordus et ombres expressionnistes comme dans *Le Cabinet du docteur Caligari* (1919 – Robert Wiene)

Le Spectre de Frankenstein d'Erle C. Kenton (1942)
Avec Bela Lugosi et Lon Chaney Junior.
La malédiction de Frankenstein plane encore sur le village.
Le Monstre n'est pas mort, « il a survécu à la mine de soufre ».
Ygor le gardien emmène le monstre voir un des deux fils du docteur Frankenstein. Ce

fils est psychiatre, il soigne les "fous". Ygor pense que ce docteur peut maîtriser la foudre qui pourrait guérir le Monstre. Une version fantastique de l'électrochoc. Enfin la solution sera cherchée dans la greffe d'un nouveau cerveau.

D'autre part, le Monstre s'intéresse à la jolie fille du docteur, qui est fiancée au procureur.

Comme d'habitude Lon Chaney Jr (qui n'est jamais arrivé à la cheville de son père) est très emprunté et Bela Lugosi cabotine.

Ah ! la fée électricité !

Scénario tiré par les cheveux, mauvais acteurs… mais ces vieux films de l'Universal ont gardé tout leur charme.

Frankenstein rencontre le loup-garou de Roy William Neill (1943). Malgré son titre racoleur, ce film n'est pas si mal. Il renvoie bien sûr au *Frankenstein* de James Whale, ou plutôt à sa suite *La Fiancée de Frankenstein* (1935) avec le prologue dans le cimetière et aussi au *Loup-garou* de Waggner (1941). Il y a tous les ingrédients des films d'horreur modernes : une explication "scientifique" ("c'est un lycanthrope") qui permet de rendre l'histoire rationnelle donc plus vraisemblable donc plus horrible… Il y a la Gitane qui *sait.* Le monstre est pris dans la glace et Bela Lugosi a enfin rencontré le rôle qu'il avait refusé pour le *Frankenstein* de Whale et accepté alors par Boris Karloff. Le docteur n'a pas besoin de la foudre, il utilise l'énergie hydraulique et tous les instruments de la science moderne de l'époque, même la radiographie !

Le Boulanger de l'Empereur de Martin Fric (1951)
L'Empereur du Boulanger de Martin Fric (1951). DVD Artus Films publié en 2005.
Le deuxième film est la suite du premier. Ce dernier comprend 16 pièces et le second 12 pièces.
Ce film tchécoslovaque met en scène de manière théâtrale, en deux films, les nombreux caprices de l'empereur *Rodolphe 2* (1552-1612). C'était l'empereur des Romains, mais aussi le roi de Bohême et de Hongrie. Il est devenu fou à la fin de sa vie. C'est à cette période qu'est consacré le film. L'empereur est joué par le superbe Jan Werich, qui joue aussi le rôle du Boulanger, car, ce dernier est le sosie de l'empereur plus jeune. Les faits se déroulent à Prague où siégeait l'empereur, ville du Golem par excellence.
Le comédien qui joue l'empereur est bien maquillé tel qu'il se présentait réellement

dans un portrait connu. D'autre part, de nombreuses références historiques sont présentes, par exemple, le fait que Rodolphe 2 avait accueilli à Prague et rémunéré, le grand astronome Tycho Brahe sur la fin de sa vie, en tant qu'astrologue, car, à cette époque, les astronomes étaient avant tout des astrologues....

Donc l'empereur fait de nombreux caprices, et, pour les satisfaire s'entoure de nombreux charlatans : alchimiste, magicien et astrologue, en rappelant qu'en aucun cas Tycho Brahe n'était un charlatan, l'astrologue présenté dans le film n'est pas Tycho Brahe.

Au début du film, le boulanger (prénommé Matej) raconte : « À Prague se trouvait un rabbin qui s'est aperçu qu'une énergie immense se trouvait dans la matière. Même dans l'argile tout ordinaire. (…) Rabbi en a donc fait un pantin géant et l'a appelé Golem. Et avec un drôle de mécanisme… Comment ça s'appelait ?... Le Shem. Et avec ce Shem il a animé le Golem(…) et avec lui sa force colossale. »

Matej continue : « Une fois il est arrivé que le Rabbi Löw l'a oublié, et ce géant se mit à tout casser. (…) Le rabbin lui a donc ôté la vie et l'a enterré quelque part… »

Le boulanger a fait des croissants, mais il n'y a rien pour le peuple, car tout est pour l'empereur.

Le premier film se déroule avec les caprices insensés de l'empereur. Il demande l'eau de jouvence à l'alchimiste, de belles apparitions féminines au magicien et le *Golem* !

Le film (tourné sous le régime communiste) dénigre systématiquement ces « professions » ésotériques, dont les représentants sont terrifiés par l'empereur.

Finalement le Shem (une bille qui s'encastre dans le front du Golem) sera trouvé après le Golem.

Matej est emprisonné (car il a donné les croissants au peuple), mais va tomber dans des souterrains où le Golem sera trouvé...

Dans le deuxième film, un concours de circonstances fera qu'il sera pris pour l'empereur rajeuni, car ce dernier a consommé l'eau de jouvence préparée par l'alchimiste, mais qui, en fait, n'en est pas une...

La bataille pour la possession du Shem sera terrible et le Golem sera domestiqué pour fournir de l'énergie aux fours du boulanger... et autres.

Le DVD comprend les deux films, mais aussi de très intéressants suppléments.

Ainsi, Blazena Urgosikova nous explique comment le Golem a été traité au cinéma. La légende du Golem au cinéma n'est pas l'ancienne légende. Elle date du 19e siècle. C'est l'expressionnisme allemand qui a donné l'impulsion au cinéma. En ce qui concerne le Golem, c'est, bien sûr, le film de Paul Wegener (voir ci-dessus) qui présentait trois versions. Ce film a donc donné l'impulsion de la série de films sur Frankenstein. Par exemple, comme je l'ai fait, on compare la scène dans Frankenstein de la petite fille qui donne une pomme au « monstre » à la même scène du Golem. Elle nous parle aussi du film de Julien Duvivier. Elle explique que si les films de Martin Fric sont des films comiques, celui de Julien Duvivier est un vrai film de terreur.

Le film de Fric était tributaire du régime communiste. Ainsi, le Golem devient, à la fin, la base du socialisme et du bonheur pour le peuple. Mais ce film est antérieur au réalisme socialiste. Il n'a rien à voir avec le réalisme socialiste.

Il y a deux autres films tchèques : *Slecna Golem* et *Posledni Golem*.

La Revanche de Frankenstein de Terence Fisher (1958), le meilleur des Frankenstein de Fisher interprété par Peter Cushing, tous produits par la Hammer. C'est vraiment un très bon film. Le docteur

Frankenstein utilise son hôpital comme « gisement » de pièces de rechange humaines.

L'empreinte de Frankenstein de Freddie Francis (1964)
Film de La Hammer au Titre original : *The Evil of Frankenstein.*
Les prologues des films de La Hammer sont toujours très denses. Ici on assiste à l'enlèvement du corps d'un défunt par un individu peu recommandable d'apparence, ceci sous les yeux d'une innocente jeune fille. Le laboratoire du baron Frankenstein est très coloré et très animé avec moult vapeurs (produites par l'azote liquide du responsable des effets spéciaux). Les opérations post mortem, bien que seulement suggérées, sont terrifiantes. Peter Cushing en docteur de l'horreur est toujours aussi bon. « Le travail du diable » affirme le prêtre de la paroisse. Le château du baron ressemble à celui du comte Dracula. Quant à l'étincelle de vie elle provient de la fée électricité comme l'avait indiqué Mary Shelley.
Dans un film de Frankenstein tout est dans la créature. Ici elle est plutôt ratée.
Nouveauté : cette créature aime la chair fraîche, du moins dans la première partie du film.

Une histoire à dormir debout, mais il y a Peter Cushing.

Dracula contre Frankenstein de Tulio Demichelli et Hugo Fregonese (1969)
Pour envahir la Terre, des extraterrestres récupèrent les cadavres pour emprunter leur corps et ils tentent de libérer des monstres qui seront leurs troupes de choc. Scénario emberlificoté.
D'ailleurs, le film est très bavard au début pour expliquer le scénario.
« Les femmes très belles sont de très puissants aimants ». On aime ou on n'aime pas le jeu de mots avec « aimants »…
Un vampire renaît quand on enlève le pieu planté dans sa poitrine. Voilà déjà Dracula. Les extraterrestres enlèvent une belle blonde pour en faire une esclave. Un policier enquête, car il y a eu un meurtre. Il est question d'un livre maudit aussi.
« Ça prend l'allure d'un très mauvais roman », déclare le policier. On ne le lui fait pas dire !
Vampire – loup-garou – momie – Frankenstein…
Le scénario est de Paul Naschi qui joue également le loup-garou.

Personne dans le film, ne s'appelle Dracula, ni Frankenstein... Mais c'est racoleur dans le titre.

Dans le DVD d'Artus Films, Alain Petit commente ce film avec toute son érudition sur les films de série B. Il nous raconte la carrière de tous les participants : acteurs, réalisateurs, scénaristes. Le scénario est très inspiré du film *Plan 9 from outher Space* et de *Plan X*.

Frankenstein et le monstre de l'enfer
de Terence Fisher (1973)
L'époque de gloire de la Hammer ! Avec Peter Cushing dans le rôle du baron Frankenstein...

Au cimetière un homme déterre un mort ; un policier le surprend et tombe dans la tombe ! Le corps du défunt est livré à un beau jeune homme. Le violeur de sépulture se rend à l'auberge où il boit son salaire... mais le policier survient. Le beau jeune homme, lui, lit les œuvres complètes de Victor Frankenstein alors que le policier arrive et arrête Simon Helder, le beau jeune homme adepte de Frankenstein. Le juge le condamne à cinq années d'internement à l'asile d'aliénés où il rencontre le directeur qui lui confirme que le docteur Frankenstein fut pensionnaire de l'asile et est décédé et

enterré dans le cimetière de l'établissement. Puis les gardiens mettent le nouveau pensionnaire en pâture à tous les résidents en le « lavant » au jet d'eau de la lance à incendie devant eux. Quand soudain apparaît le « docteur » Frankenstein. Il y a une charmante jeune fille aussi. Le baron Frankenstein qui a pris le pouvoir dans l'asile avec la complicité du directeur, se fait appeler Karl Victor. Simon Helder devient l'assistant de Frankenstein. Le film nous fait visiter l'établissement (le décor est réduit au minimum) et ses pensionnaires. L'asile est une réserve de « pièces » détachées de rechange pour les travaux de Frankenstein qui a créé un « monstre de l'enfer ». Le docteur Frankenstein des films de la Hammer est toujours aussi cynique et même plus que cela !
Ma foi, un film de la Hammer des années 70, réalisé par Terence Fisher est toujours regardable.

Frankenstein junior de Mel Brooks (1974), merveilleuse parodie des *Frankenstein* de James Whale. La scène la plus délirante est celle où la gouvernante se présente avec la même coiffure que la fiancée de Frankenstein.

Chair pour Frankenstein de Paul Morrissey (1974), Victor Frankenstein vit avec son épouse (sa sœur de lait...) Elisabeth et leurs enfants dans son château. Il veut créer un homme viril qui pourra être le géniteur d'une espèce nouvelle. Il décapite un pauvre homme en se trompant sur la "marchandise". Horreur gore en trois dimensions : les organes s'écoulent des ventres ouverts, le sang gicle des corps décapités. À la fin, le fils Frankenstein prendra la relève en brandissant fièrement un bistouri...

Frankenstein de Kenneth Branagh (1994), dernière et merveilleuse adaptation du roman de Mary Shelley. Branagh revient aux sources : Victor Frankenstein n'est pas ce savant démoniaque qui renaît toujours de ses cendres, image développée par les films de la Hammer, et qui est véhiculée dans l'esprit de presque tous les spectateurs d'aujourd'hui. Non ! C'est un vrai scientifique, *« Prométhée moderne »* comme l'indique le sous-titre de Mary Shelley, personnage mythique qui veut le bien de l'humanité. Comme le roman, le film commence au Pôle Nord, alors que Victor y achève sa poursuite du *« monstre »*, de la *« chose sans nom »*, et c'est Victor qui raconte ses aventures au capitaine du navire bloqué dans les glaces, en quelque sorte son homologue, puisqu'il est parti aussi à la découverte de connaissances nouvelles. Le film insiste sur l'humanité du savant, son humanisme même, sa fébrilité dans ses recherches, fébrilité rendue cinématographiquement par le montage des scènes de la fabrication du monstre. Il développe un thème sous-jacent dans le roman de Mary Shelley, celui du complexe d'Œdipe. Victor a créé un monstre. C'est donc son enfant. Mais, comme le souligne ce dernier à la fin du film, lui son père, ne « *lui a même pas donné de nom...* » Et, comme Victor n'a pas voulu lui donner de femme, le monstre a tué la sienne en lui arrachant le cœur ! Victor n'a pas supporté cette mort et a fait de sa femme un monstre également... Scène cruelle et horrible où elle se voit monstrueuse et se fait brûler vive ! Scène terrible de souffrance humaine quand, à la fin, le monstre se plaint de l'abandon de son père... C'est le film le plus proche du roman de Mary Shelley, bien que certaines scènes ajoutées n'existent pas dans le roman. Ce film, produit par Francis Ford Coppola, est dans la même veine que le *Dracula* de ce dernier. Il reprend les thèmes humains de l'amour et de la sexualité, seulement sous-entendus dans l'œuvre littéraire.

La Fiancée de Chucky de Ronny Yu (1998).Tous les objets des films d'horreur sont présents dans cet entrepôt des objets criminels. Un policier va voler les restes de Chucky... L'idée de départ n'est pas mauvaise. On se rappelle qu'à la fin de *Chucky 3* l'horrible poupée possédée par l'esprit maléfique de l'étrangleur a été déchiquetée par des pales de ventilateur. Elle sera recousue et on lui trouvera une fiancée... Ce film pour adolescent est vraiment bien, contrairement à ses trois épisodes précédents, car il cultive les références aux autres thèmes des films d'horreur (*La Fiancée de Frankenstein* (1935) de James Whale dont on voit des extraits...) et aussi à la sexualité... Le poste de télévision montrant l'image de la fiancée de Frankenstein hurlant de terreur tombe dans la baignoire et électrocute ainsi la pauvre fille (bien grassouillette avec de gros seins...) qui a réanimé Chucky. La poupée qui prend sa place s'exclame après maquillage : « *Barbie, elle peut se rhabiller !* » Les dernières scènes dans le cimetière sont superbes et la dernière image suggère le film *Le Monstre est vivant* (1973) de Larry Cohen. Du coup, je me dois de vous citer les trois premiers *Chucky* : *Jeu d'enfant* (1988) de Tom Holland – *Chucky la poupée de sang 2*

(1990) de John Lafia – *Chucky 3* (1991) de Jack Bender...

Le Fils de Chucky de Don Mancini (2004). Bof ! Voilà encore un film qui compile les scènes d'autres films sans trop les référencer. Si on ne repère pas ce procédé, il est évident que ce film produit chez le spectateur amateur une jubilation gore. Il commence par Halloween, se poursuit par Psychose et Elephant Man... Il y a d'ailleurs plusieurs scènes de films de David Lynch : Lost Highway et Mullholland Drive. Mais on retrouve aussi *Du Sang pour Dracula* (le démembrement de Chucky) et *Chair pour Frankenstein* (la recherche d'un corps), sans compter la scène dans le studio avec les bidons de faux sang, les statues des monstres et la vraie décapitation... Enfin, comment ne pas penser à *Shining* avec la hache qui casse la porte ? Et puis il y a aussi *Scream*, *Le Père Noël est une ordure*, *La Main qui tue*... Je n'ai pas tout repéré, car souvent je me suis ennuyé...
Les épisodes précédents : Chucky : Jeu d'enfant (1988) de Tom Holland – Chucky la poupée de sang 2 (1990) de John Lafia – Chucky 3 (1991) de Jack Bender – La Fiancée de Chucky de Ronny Yu (1998)....
Seul le film de Ronny Yu mérite vraiment le déplacement.

Van Helsing de Stephen Sommers (2004). Excellent film de divertissement. Stephen Sommers a réussi un tour de force avec ce scénario : il reprend tous les grands personnages fondateurs du fantastique moderne et les rassemble dans une seule et même aventure. Une fois fait cela semble aller de soi, mais là je vous assure que c'est très difficile. Le Dr Jekyll (au début seulement... avec donc un hommage à la *Ligue des gentlemen extraordinaires*), Frankenstein, Dracula, le loup-garou.! Il y a aussi de nombreux hommages à d'autres personnages de films plus récents : évidemment Indiana Jones avec l'incroyable scène de la diligence et d'autres choses encore, le Dracula de Coppola avec la rivière au fond du gouffre, et puis même une réplique d'Anna à la fin qui est un hommage flamboyant au film de Sergio Leone *Le Bon, la Brute et le Truand*, les scènes de chevauchées dans la forêt tirées des films de La Hammer et *Aliens* (la scène avec Anna et le loup-garou dans le château et les "œufs" de vampires). Il y a aussi James Bond (la scène dans le labo avec les gadgets) et *Vampires* de Carpenter avec le rôle de l'Église dans l'intrigue. Le prologue en noir et blanc qui rend hommage au *Frankenstein* de James Whale est superbe. Quelques petites scènes qui renvoient au "Nosferatu" de Murnau (tâchez de les découvrir…), au *Bal des vampires* de Polanski (d'ailleurs Dracula ressemble étrangement à Polanski…), et puis sans savoir exactement quoi, bien des choses me font penser au *Masque du démon* de Mario Bava. Enfin bref, je n'ai jamais vu un film qui rassemble autant de références cinématographiques, bien plus que celles de l'Universal… Alors ce film est une pépite pour le grand public et *aussi* pour le cinéphile. Le générique de fin à lui seul est un chef-d'œuvre…

Les effets spéciaux sont superbes et les trois fiancées de Dracula aussi ! D'ailleurs voici ce qu'en dit Stephen Sommers interviewé par Marc Sessego dans Sfmag N° 43 : « *Le problème est qu'il y a très peu de jeunes femmes à la plastique superbe sachant jouer. On* (avec Coppola NDLR) *a vraiment cherché partout, et je suis tombé sur cette cassette d'Elena Anaya et j'ai été tellement impressionné que je me suis dit : c'est elle qu'il me faut.* » Les décors sont somptueux, très suggestifs et très vraisemblables ; la photo est également très belle.

May de Lucky McKee (2004). Excellent film d'horreur : le thème de Frankenstein au goût du jour. Où comment une pauvre fille intravertie reconstitue le corps de son amant idéal constitué par les parties corporelles d'un garçon et d'une fille. Terrifiant et tellement humain !

Godsend, expérience interdite de Nick Hamm (2004). Le thème de l'enfant mort qu'on veut ressusciter à tout prix a été traité par Stephen King dans son roman *Simetierre* et les deux films homonymes qui lui ont été consacrés. Ici, le scénariste utilise ce thème en l'adaptant au mythe de Frankenstein : comment créer du vivant avec du mort. D'ailleurs le choix de Robert De Niro pour jouer le rôle de l'équivalent du docteur Frankenstein fait évidemment penser au film *Frankenstein* de Kenneth Branagh puisque l'acteur y jouait le rôle du monstre!
Enfin, si le thème combiné ainsi est prometteur, ce n'est pas le cas du film qui est un peu ennuyeux et dont la fin est bâclée, si ce n'est qu'on peut aussi lui reprocher d'avoir modéré l'horreur que l'histoire aurait pu développer... Ce mélange de *Frankenstein* et de *Halloween* a un peu raté son objectif.

Le Fils de Chucky de Don Mancini (2004). Bof ! Voilà encore un film qui compile les

scènes d'autres films sans trop les référencer. Si on ne repère pas ce procédé, il est évident que ce film produit chez le spectateur amateur une jubilation gore. Il commence par Halloween, se poursuit par Psychose et Elephant Man... Il y a d'ailleurs plusieurs scènes de films de David Lynch : Lost Highway et Mullholland Drive. Mais on retrouve aussi *Du Sang pour Dracula* (le démembrement de Chucky) et *Chair pour Frankenstein* (la recherche d'un corps), sans compter la scène dans le studio avec les bidons de faux sang, les statues des monstres et la vraie décapitation... Enfin, comment ne pas penser à *Shining* avec la hache qui casse la porte ? Et puis il y a aussi *Scream*, *Le Père Noël est une ordure*, *La Main qui tue*... Je n'ai pas tout repéré, car souvent je me suis ennuyé...
Les épisodes précédents : Chucky : Jeu d'enfant (1988) de Tom Holland – Chucky la poupée de sang 2 (1990) de John Lafia – Chucky 3 (1991) de Jack Bender – La Fiancée de Chucky de Ronny Yu (1998)....
Seul le film de Ronny Yu mérite vraiment le déplacement.

SharkMan de Michael O Blowitz (2004)
Avec Jeffrey Combs dans le rôle du docteur de l'horreur. On ne peut pas faire mieux.

(Voir également ci-dessus la chronique du film *Peur Bleue,* sur un requin mutant)
Un jeune couple plonge d'un bateau et se fait dévorer par un requin...
Un requin ???
Le docteur King joué par Jeffrey Combs porte une belle moustache.
Il dirige un laboratoire terrifiant qui soumet des êtres humains à de terribles expériences.
Ailleurs, il est beaucoup question d'argent dans de vastes bureaux avec une jolie biologiste.
Le docteur King a mis au point de drôles de manipulations génétiques dans son île paradisiaque. Cela ne manque pas de me faire penser à *l'île du docteur Moreau* (voir les films en annexe).
Il a créé un métis de requin marteau et d'être humain. Nous saurons plus tard que l'humain était son propre fils condamné par le cancer. On sait (moi je ne le savais pas) que les requins n'ont jamais le cancer. D'où le choix du requin marteau, avec en plus selon King, la vue, la férocité et le phénoménal pouvoir de guérison.
King/Frankenstein tient son journal.
Tous les cobayes humains sont des femmes, car King veut créer la possibilité de procréer les requins/hommes par gestation dans le ventre des femmes... Il est très

cruel avec ses cobayes : il ne se préoccupe pas de dépenser de l'anesthésiant et opère une césarienne à vif sur l'une d'elles alors que le bébé n'est pas viable. Ce qui me fait inévitablement penser au film *Le Monstre est vivant* et son remake et ses suites…
Le docteur King a invité ses financeurs à visiter ses installations.
Or il est très dangereux de se baigner dans ces eaux paradisiaques.
SharkMan est amphibie, il sévit aussi sur Terre.
Jeffrey Combs n'est pas très convaincant. Alors c'est peu dire du reste…
On apprend que l'azote serait la solution contre le monstre. Ne me demandez pas pourquoi, moi qui suis chimiste, car je ne sais pas.
« Personne ne contrôle cette chose », se plaint un des sbires de King. On note que, comme toujours dans ces films de série B ou Z, les sbires sont de très mauvais tireurs…
Les massacres se poursuivent et des militaires débarquent d'un hélicoptère. Mais ils sont aussi incapables que les autres. Il y a beaucoup d'action. Le héros est un peu trop grassouillet et à trois ils ont raison d'une armée entière avec les armes volées à l'ennemi. Le scénariste ne se foule pas trop.
Dr King est évidemment indestructible.

Le grassouillet s'en est sorti : va-t-il sauver la fille, la belle brune biologiste dont Paul, le fils de King fut amoureux ?
King déclare : « Maintenant je vais faire évoluer l'espèce humaine ! »
Parce qu'il a l'idée de féconder la fille dont SharkMan est toujours amoureux !
La créature se révolte contre son créateur (Voir *Frankenstein*), bien sûr...

Making Of
« Mon nom est Michael O Blowitz et d'ici la fin du tournage on m'appellera *Ed Wood Junior* ! » (Voir annexes)
Le film a été tourné en Bulgarie alors que la température extérieure était de 5 °C et que l'intrigue se déroule en milieu tropical !
Une interview de Jeffrey Combs...
Superbe making of !

I, Frankenstein par Stuart Beattie (2013). Par les producteurs d'*Underworld*. On reconnaît effectivement cet univers de gothique urbain.
Ici c'est même absolument gothique avec l'Ordre des gargouilles ! Cet Ordre est en guerre contre les démons. Les anges et le diable en quelque sorte... Mais que vient faire Frankenstein ici ? Ben, demandez au scénariste.

En fait, c'est parce que Frankenstein est la preuve que Dieu n'est plus le seul créateur de l'humanité !

L'enjeu est aussi le livre de Frankenstein, car il y est écrit comment procéder pour créer un être humain. C'est mieux que la Bible !

En passant ils ont inventé une nouvelle discipline scientifique : l'électrophysiologie...

Frankenstein's Army de Richard Raaphorst (2013)

Les Nazis ont toujours obsédé le cinéma Bis. Ils en ont fait un grand usage dans les films du genre dit « Naziporn »...

Ces dernières années, les nazis reviennent en force avec plein de films sur le retour des nazis avec les zombies (et même sur la Lune où ils s'étaient installés après la défaite...)

Nous voici donc avec un nouveau film d'horreur sur les nazis. Mais ici ils ne sont pas de retour à notre époque. L'action se déroule pendant la guerre 39-45 contre les Soviétiques.

Nous sommes au moment de la contre-offensive victorieuse de l'armée rouge en compagnie d'une section de reconnaissance soviétique. Le film que nous voyons est réalisé par un soldat soviétique qui tient la caméra pour le compte de l'armée. Nous comprendrons pourquoi plus loin.

Ils découvrent un étrange squelette : un humain à tête d'animal !

Et puis un soldat allemand zombifié infecte le caméraman. Enfin on le suppose vu ce qui se passe dans les films de zombies...

Ils découvrent le « laboratoire » nazi de Frankenstein.

Les créatures de Frankenstein sont particulièrement osées. Quel superbe Grand Guignol !

Frankenstein a trouvé comment mettre fin à la guerre : greffer ½ cerveau de communiste avec ½ cerveau de nazi et vice versa ! Fallait y penser !

Overlord de Julius Avery (2018)
Superbes scènes au début : les avions subissant les tirs de DCA et le parachutage pendant la Deuxième Guerre mondiale...

Un commando américain est parachuté en France pour détruire un brouilleur qui empêcherait l'aviation alliée d'intervenir lors du débarquement. Ce commando découvre un site au sein du village où les nazis font des expériences sur les humains. D'horribles expériences, genre docteur de l'horreur ! Les Allemands sont méchants, mais certains Américains aussi. Seul l'Américain

Noir est gentil. Très gentil. Il joue à Frankenstein en injectant à son camarade mort le sérum de l'expérience des nazis et cela le ressuscite. Mais... cela n'est pas si simple ! Ce soldat se transforme... et ils sont obligés de l'abattre. Mais il ne meurt pas !

Le chef nazi se transforme en monstre pendant que les trois soldats américains survivants et la fille du village tentent de détruire les installations des « recherches » nazies, pour sauver le petit frère enlevé par ces derniers. Mais il y a plein de monstres dans les salles visitées. La seule solution utilisée par nos héros : devenir monstre pour tuer le monstre... Excellent film d'horreur.

Le générique est presque aussi long que le film

Quelques séries télé...

Dracula de Cole Haddon et Tony Krantz (2013)
Le prologue du pilote est saisissant !.
Un mélange habile de Dracula et Frankenstein qui ne tient pas ses promesses.
Une histoire très originale de Dracula dans un monde steampunk sur une découverte du champ électrique.
Un mélange de moralité et d'immoralité, d'amour et de haine, toute la dialectique de Dracula.
Tout le monde est guidé par l'amour et le pouvoir.
Dommage, la série a été interrompue, car, comme je l'ai écrit plus haut, elle n'a pas tenu ses promesses.

Penny Dreadful de John Logan (2014)
Série Netflix. Deux saisons.
"Penny Dreadful" c'était des petits bulletins d'histoires d'horreurs vendus un penny pendant l'époque victorienne en Angleterre.
La série poursuit cette tradition en rassemblant tous les monstres de la tradition littéraire : vampires, zombies, éventreur, ainsi que ses personnages : Frankenstein,

Dorian Grey, Nina Murray, Jack l'éventreur, Van Helsing, (donc aussi Dracula) et… Buffalo Bill, enfin, une sorte de Buffalo Bill. Quelques plans de corps dépecés, des monceaux de corps dépecés. Ils font parler les morts aussi. Il y a profusion… Quelques soupçons de vulgarité et du sexe.

Le « monstre » du docteur Frankenstein, qui n'est pas monstrueux, sort se promener. Victor veut vaincre la Mort. La maladie et la mort, c'est dégoûtant. Enfant, il avait commencé par lire un traité d'anatomie humaine.

« Ça » était une abomination.

« Ces machines pleines d'engrenage et de dents. »

Le Grand-Guignol va enseigner le plaisir de l'horreur au « monstre » de Frankenstein.

Nous voilà arrivés à l'

Épisode 5

Le scénario nous ennuie avec un retour au passé de Vanessa Ives et Mina Murray. C'est un peu niais. La différence est trop brutale par rapport aux épisodes précédents. Nous avons droit à un petit cours « d'hystérie psycho… » de l'époque… et son terrible traitement. Van Helsing montre à Frankenstein son exemplaire *Varney le vampire*, un Penny Dreadful de l'époque. Le scénariste se débarrasse du personnage de

Van Helsing dont, sans doute, il ne savait que faire…
Épisode 6
Peny Dreadfull : « un penny épouvantable ! »
Épisode 7
Un peu de psychanalyse, mais pourtant elle n'existait pas encore ! Aussi bien que *L'Exorciste.* Un petit paragraphe sur l'immigration. Le scénario s'en sort avec une entourloupe.
Épisode 8
Queue de Poisson
SAISON 2
Épisode 1
Nouvelle démonologie. Lucifer, Memento Mori et puis bientôt Erzebeth Batory ? Naissance de madame Frankenstein.
Épisode2
Verbis Diablo (langage du diable). La maison de la sorcière. Le Monstre de Frankenstein se fait draguer par toutes les femmes qui passent…
Épisode 3
Les visiteurs de la nuit. Toujours sorcières et diableries.
Épisode 4
Bavardages avec le monstre de Frankenstein. Bavardages entre le cowboy et la sorcière.

Dorian Grey joue au ping-pong avec l'androgyne.

Épisode 5

Les sorcières jouent avec leurs poupées et on s'ennuie. Toutes les filles draguent le monstre de Frankenstein sauf sa « fiancée », la fille de Frankenstein.

Le monstre de Frankenstein et Vanessa déclament des poésies.

Sodomisation, etc.

Les orages ont du bon pour se jeter dans les bras l'un de l'autre.

Épisode 6

Bavardages ennuyeux. Scénario facile avec les colifichets de la sorcière. Tout le monde se retrouve au bal. Que c'est banal !

Fallait être idiote pour aller à ce bal...

Épisode 7

Tête-à-tête de la belle et la bête. Mais n'est pas dangereux celui qu'on croit... Enfin, un épisode intéressant.

Épisode 8

(Memento Mori) Vraiment, la sorcière est un personnage grotesque, nul. Avec ses poupées stupides et ses incantations absurdes. Ne parlons pas des pitreries homosexuelles de Dorian Grey et « sa » compagne Angélique. J'aime beaucoup mieux le « débat » entre les deux créatures de Frankenstein.

Le discours de la sorcière avec Malcom est pédant et naïf. Le casting n'est pas terrible.
Épisode 9
L'intérêt d'être un loup-garou. L'inévitable scène de cul. Très nulles les tentations du démon. Toujours des plans de voiture à cheval pour réaliser l'intermezzo…
Épisode 10
Bon… Frankenstein, un nouveau John Seward. Le monstre de Frankenstein est un intellectuel…

Dracula 2013 de Cole Haddon et Tony Krantz
Le prologue du pilote est saisissant !
Un mélange habile de *Dracula* et *Frankenstein* qui ne tient pas ses promesses.
Une histoire très originale de Dracula dans un monde steampunk sur une découverte du champ électrique.
Un mélange de moralité et d'immoralité, d'amour et de haine, toute la dialectique de *Dracula*.
Tout le monde est guidé par l'amour et le pouvoir.
Dommage, la série a été interrompue, car, comme je l'ai écrit plus haut, elle n'a pas tenu ses promesses.

Frankenstein code

(Seconde Chance)
Série de Rand Ravich (2016).
Une saison, onze épisodes.
Ce sont des enquêtes menées par... la créature de Frankenstein.
Un vieux shérif est assassiné et un couple de jumeaux (une fille et un garçon) géniaux et multimilliardaires lui redonne vie dans une espèce de grand aquarium... Il devient enquêteur, tout en donnant son sang à la fille qui l'a sauvé pour cela : le sang de la créature de Frankenstein doit la guérir du cancer.
Dommage, la série n'a pas été un succès et elle a été arrêtée à la fin de la première saison. On ne connaîtra pas la suite de son dernier épisode.

Frankenstein

Cette filmo s'arrête en 2004.
Frankenstein de J. S. Dawley (1910) – Frankenstein de J.Whale (1931) – La Fiancée de Frankenstein de J. Whale (1935) – Le Fils de Frankenstein de Rowland V. Lee (1939) – Frankenstein rencontre le loup-garou de Ray William Ney (1943) – La Maison de Frankenstein d'Erle C. Kenton (1944) – La Maison de Dracula d'Erle C. Kenton (1945)— Dans les années quarante et cinquante, toute une série de films mêlant Frankenstein, Dracula, le Loup-garou, avec Christopher Lee, Lon Chaney Jr, Bela Lugosi et, bien sûr, Boris Karloff – Frankenstein s'est échappé ! de Terence Fisher (1957) – La Femme nue et Satan de Victor Trivas (1958) – La revanche de Frankenstein de Terence Fisher (1958) – Frankenstein 70 de Howard W. Koch (1958)— L'Empreinte de Frankenstein de Freddie Francis (1964) – Frankenstein créa la femme de Terence Fisher 1967 – Le Retour de Frankenstein de Terence Fisher (1969) – Les Horreurs de Frankenstein de Jimmy Sangster (1970) – Frankenstein et le

monstre de l'enfer de Terence Fisher (1973) – Frankenstein Junior de Mel Brooks (1974) – Chair pour Frankenstein de Paul Morrissey (1973) – Horreur dans la ville de Michael Miller (1982) – La Promise de Franc Roddam (1985) – La Résurrection de Frankenstein de Roger Corman (1990) – Frankenhooker de Frank Henenlotter (1990) – Frankenstein de Kenneth Branagh (1994) – Van Helsing de Stephen Sommers (2004) – Godsend, expérience interdite de Nick Hamm (2004)

De nombreuses séries télévisées furent consacrées au Monstre, je citerai la meilleure, diffusée sur FR3 en 1976, intitulée simplement en Français « Frankenstein » de Jack Smight (*Frankenstein the True Story*). Très beau téléfilm. On a vu aussi « L'antre de Frankenstein » et « Frankenstein » de David Wickes en 1992...
Films du genre « gothique vampirique » de Jess Franco : « Les expériences érotiques de Frankenstein (1972) » - « Dracula prisonnier de Frankenstein (1972)».

INDEX

Z

TABLE DES MATIÈRES

9 782915 512694